BEI GRIN MACHT SICH IHR WISSEN BEZAHLT

Veränderungen der Arbeitswelt: Virtuelle Teams und der Arbeitskraftunternehmer

Denis Pyttel

Bibliografische Information der Deutschen Nationalbibliothek:

Die Deutsche Nationalbibliothek verzeichnet diese Publikation in der Deutschen Nationalbibliografie; detaillierte bibliografische Daten sind im Internet über http://dnb.d-nb.de abrufbar.

ISBN: 9783346796646
Dieses Buch ist auch als E-Book erhältlich.

Druck und Bindung: Books on Demand GmbH, Norderstedt Germany
Gedruckt auf säurefreiem Papier aus verantwortungsvollen Quellen

Das vorliegende Werk wurde sorgfältig erarbeitet. Dennoch übernehmen Autoren und Verlag für die Richtigkeit von Angaben, Hinweisen, Links und Ratschlägen sowie eventuelle Druckfehler keine Haftung.

Das Buch bei GRIN: https://www.grin.com/document/1318565

Einsendeaufgabe

Veränderungen der Arbeitswelt: Virtuelle Teams und der Arbeitskraftunternehmer

abgegeben am 27.11.2022 im E-Campus

Modul: Rahmenbedingungen der Personal- und Organisationspsychologie (BRPOPS)

Studiengang: Wirtschaftspsychologie (B.Sc.)

von

Denis Pyttel

Inhaltsverzeichnis

Aufgabe A1 – Virtuelle Teams

Teamarbeit ist in unserer heutigen Arbeitswelt kaum mehr wegzudenken. In sehr vielen Positionen im Unternehmen werden die Mitarbeiter und Mitarbeiterinnen zumindest teilweise im Team arbeiten, wenn nicht sogar überwiegend. Dabei hat Teamarbeit viele Vorteile: es kann die Qualität der Arbeit steigern, da die Mitarbeiter und Mitarbeiterinnen leistungseffizienter sind und eine höhere Arbeitszufriedenheit haben, sie sich gegenseitig zur Veränderung anregen können und sie ihr Wissen teilen können, da jedes Mitglied im Team über unterschiedliches Wissen und unterschiedliche Perspektiven verfügt. Außerdem können die Durchlaufzeiten sich verringern, sowie die Kosten reduziert werden, es wird eine bessere Kommunikationskultur gefördert und die persönliche Entwicklung kann durch den Austausch ebenfalls verbessert werden (May, 2015, S. 237 – 240).

Unsere heutige Arbeitswelt ist aber ebenfalls sehr durch die Digitalisierung geprägt. Im unternehmerischen Kontext basiert die Digitalisierung darin, dass manuelle Prozesse, sowie physische Objekte (wie Papier) in digitale Inhalte umgewandelt werden, indem zum Beispiel Computer oder Roboter genutzt werden, aber auch Social Media. Grundsätzlich wird die Digitalisierung in allen Bereichen vorgenommen und soll somit die Arbeitsprozesse beschleunigen, sowie Fehlerquellen eliminieren, um dadurch Kosten zu ersparen (Schawel & Billing, 2018, S. 105 – 106).

Durch diese zunehmende Digitalisierung hat sich auch die Teamarbeit verändert und ermöglicht es nun virtuelle Teams zu gründen. Zwar arbeiten allgemein fast alle Teams bereits digital, aufgrund von E-Mail-Verkehr, jedoch geht es bei virtuellen Teams noch um viel mehr. Virtuelle Teams sind nämlich Teams (auch ganze Abteilungen), welche ortsunabhängig arbeiten. Sie müssen also nicht alle an einem Standort in einem Büro sein, sondern können sich verteilen auf mehrere Standorte oder sogar aufs Home-Office (Lindner, 2020, S. 1).

Dadurch, dass alles digital verläuft, müssen die Mitarbeiter und Mitarbeiterinnen auch die nötigen Kenntnisse in der IT haben, damit sie zum Beispiel von zu Hause selbstständig arbeiten und auch kommunizieren können.

Für die Kommunikation müssen somit auch neue digitale Werkzeuge verwendet werden, damit eine gute Kooperation in virtuellen Teams gewährleistet werden kann (Mütze-Niewöhner, Hacker, Hardwig, Kauffeld, Latniak, Nicklich & Pietrzyk, 2021, S. 14). Im Mai 2022 wurde eine Umfrage zum Thema „Welche Kanäle für die interne und externe Kommunikation nutzt Ihr Unternehmen?" veröffentlicht. Dabei wurden im

Erhebungszeitraum 2018-2022 in Deutschland 1102 Personen (im Jahr 2022) befragt woraufhin das Kommunikationsmittel Smartphone am meisten verwendet wird. Dies wurde hat sich positiv entwickelt, denn im Jahr 2018 haben nur 51% ein Smartphone dafür verwendet und im Jahr 2022 83%. Weitere wichtige Kommunikationskanäle sind Videokonferenzen wie durch Zoom oder Microsoft Teams, sowie Messenger-Dienste zum Beispiel über WhatsApp. Einen starken Rückfall hat die Briefpost von 71% auf 40% und das Fax von 62% auf 40% genommen (Bitkom Research, 2022).

Anhand dieser Statistik kann herausgelesen werden, dass die Kommunikation in Unternehmen, ob intern oder extern, immer digitaler wird, was nicht verwunderlich ist, wenn Teams, bzw. die Mitarbeiter und Mitarbeiterinnen immer digitaler arbeiten sollen. Dies ist auch deshalb innerhalb der letzten Jahre so stark angestiegen, da aufgrund der Covid-19-Pandemie und dem damit verbundenen Lockdown, die Arbeitnehmer und Arbeitnehmerinnen, welche im Büro arbeiteten, nun im Home-Office weiterarbeiten mussten (Lindner, 2022, S. 57).

Nun nachdem die Covid-19-Pandemie zumindest so weit vorbei ist, dass die Mitarbeiter und Mitarbeiterinnen wieder ins Büro kommen können und es keine Home-Office-Pflicht mehr gibt, hat sich die Zahl, der im Home-Office arbeitenden wieder verringert. Dies ergibt sich aus einer Umfrage vom August 2022, welche Unternehmen befragt hat, wie denn nun bei denen die Regelung zum Home-Office ist. Diese Umfrage spricht sich eher gegen das Modell aus, denn ganze 41% der Unternehmen lehnen Home-Office komplett ab oder nur in Ausnahmefällen wird es erlaubt. 17% der Unternehmen erlauben 1-2 Tage und 25% sind offen für 3-4 Tage oder sogar an allen Tagen der Woche (Avantgarde Experts, 2022). In einer anderen Umfrage vom Mai 2022 in der Schweiz wurden die Arbeitnehmer und Arbeitnehmerinnen befragt, ob diese im Home-Office arbeiten möchten. Hier wurde klar, dass 25% mindestens 4 Tage im Home-Office arbeiten möchten, 42% bevorzugen ein hybrides System, also Home-Office und Büro und 33% möchten nur im Büro oder maximal 1 Tag im Home-Office arbeiten (Steiner, 2022).

Es sieht also danach aus, als wenn die Mitarbeiter und Mitarbeiterinnen eher bereit sind im Home-Office zu arbeiten als die Unternehmen es anbieten möchten.

Laut 80% der Experten und Expertinnen wird dies in Zukunft allerdings anders aussehen, denn sie sagen, dass dann die Arbeit hybrid sein wird. Auch Führungskräfte werden dann laut ihnen ca. 50% der Arbeit im Home-Office verrichten (Lindner, 2022, S. 17).

Was sich auf jeden Fall verändern muss, wenn in virtuellen Teams gearbeitet wird ist der Führungsstil. Führungskräfte sollten hier nämlich eher auf einen ergebnisorientierten Führungsstil umsteigen, wo sie regelmäßige Gespräche mit den Teammitgliedern führen und mit ihnen Arbeitsziele vereinbaren (Breger & Tracht, 2017, S. 84 - 85).

Im nachfolgenden soll es um die Chancen und Risiken von virtuellen Teams gehen, sowie abschließend, wie virtuelle Teams in einem Unternehmen etabliert werden könnten.

Chancen von virtuellen Teams

Der große Vorteil von virtuellen Teams ist es, dass diese standortunabhängig arbeiten können und durch virtuelle Netzwerke sich trotzdem austauschen können (Picot, Reichwald, Wigand, Möslein, Neuburger & Neyer, 2020, S. 8). Dies geht natürlich nur wenn die jeweiligen Arbeitnehmer und Arbeitnehmerinnen ihre Arbeit tatsächlich ortsunabhängig ausführen können, also vor allem Menschen, welche einen Büroarbeitsplatz haben.

Die Möglichkeit der Standortunabhängigkeit kann einen entscheidenden Faktor für den Fachkräftemangel und dem demographischen Wandel haben.

Der demographische Wandel zeigt sich vor allem in der Geburtenrate wieder, so sind die Anzahl an Geburten in Deutschland in den letzten Jahrzehnten geschrumpft und Schätzungen zu Folge werden in Deutschland im Jahr 2050 nur noch 75 Millionen Menschen leben, anstatt den heutigen ca. 83 Millionen (Schroven, 2015, S. 20). Eines der Gründe für den Fachkräftemangel ist der demographische Wandel, dass bedeutet, dass Unternehmen ihre offenen Stellen nicht mehr decken können, weil zu wenig neue Arbeitskräfte zur Verfügung stehen. Dies ist in vielen Bereichen so, wie zum Beispiel dem Gesundheitswesen oder der IT. In der IT ist der Grund des Fachkräftemangels auch deshalb so, weil sich zum Beispiel Frauen kaum für diesen Bereich interessieren (Biernoth, 2016, S. 4; Pagel, 2013, S. 1). Virtuelle Teams können natürlich nicht alle Probleme des Fachkräftemangels lösen, aber vor allem Tätigkeiten, welche im Büro zu tun haben, wie zum Beispiel die IT, können sehr wohl dadurch gelöst werden.

Durch virtuelle Teams sind Unternehmen nämlich in der Lage auch Menschen außerhalb von Deutschland zu beschäftigen, da sie ja nicht zwangsläufig zum Standort kommen müssen, sondern von zu Hause aus arbeiten können. Dies führt dazu, dass viel mehr Arbeitskräfte in Betracht gezogen werden können, vor allem, auch wenn es um Experten zu einem Thema gehen soll (Lindner, 2020, S. 9 - 10).

Ein bürokratischer Führungsstil indem überwiegend in Schriftform kommuniziert wird und auf Regeln und Normen verwiesen wird, ist nicht effektiv bei virtuellen Teams (Stock-Homburg & Groß, 2019, S. 574).

Um erfolgreich virtuelle Teams führen zu können, benötigt es einen ergebnisorientierten Führungsstil. Beim ergebnisorientierten Führungsstil geht es darum, dass die Führungskräfte die Mitarbeiter und Mitarbeiterinnen zur Leistung motivieren, mit ihnen Feedback-Gespräche führen und mit ihnen Ziele vereinbaren, welche tatsächlich realisierbar sind. Hier sollte auch mit Zeitpuffern und regelmäßigen Follow-Up-Meetings gearbeitet werden (Ducki, 2019, S. 389; Müller, 2018, S. 2; Schneider, 2017, S. 127).

Durch diesen Führungsstil können sich die Mitarbeiter und Mitarbeiterinnen besser auf ihre Aufgaben einstellen und können durch den wertschätzenden Kontakt mit ihrer Führungskraft motiviert bleiben. Außerdem kann sich dadurch die Teamharmonie zumindest zwischen Arbeitnehmer, bzw. Arbeitnehmerin und Führungskraft verbessern.

In der digitalen Arbeitswelt sollten die Führungskräfte den Mitarbeitern mehr Selbstverantwortung und Selbstorganisation zu ihren Arbeitsaufgaben, aber auch zu den Arbeitszeiten geben. Die Führungskräfte sollten daher eher delegieren und den Mitarbeitern ihre Aufgaben eigenverantwortlich erledigen lassen und somit auch ihre Macht teilen. Im Gegenzug werden diese dadurch auch entlastet. Dadurch können die Mitarbeiter und Mitarbeiterinnen motivierter, kreativer und kundenorientierter arbeiten (Franken, 2022, S. 65 – 67).

Risiken von virtuellen Teams

Es gibt zwar viele Chancen, welche mit virtuellen Teams ermöglicht werden, aber es gibt im Gegenzug auch einige Risiken, welche nachfolgend vorgestellt werden.

Ein mögliches Risiko sind die Sprachbarrieren, bzw. kulturelle Missverständnisse. Hier kann es sein, dass sich die weltweit tätigen Teams nicht richtig verständigen können und es somit zu einer schlechteren Arbeitsqualität führen kann (Lindner, 2020, S. 11).

Vor allem für nicht-englischsprachige Unternehmen kann dies ein Problem darstellen, denn nicht in jedem Unternehmen können alle Mitarbeiter und Mitarbeiterinnen gutes Englisch und auch Arbeitskräfte aus anderen Ländern sind nicht immer fließend in der

Sprache. Dies führt dazu, dass die Kommunikation nicht so gut gelingen kann, wie wenn Mitarbeiter und Mitarbeiterinnen in ihrer Heimatsprache sprechen. Außerdem müssen sich Teams auch verändern, wenn sie nun in ihrer alltäglichen Arbeit überwiegend auf Englisch kommunizieren sollen.

Die Digitalisierung ist nicht für jeden Mitarbeiter oder jede Mitarbeiterin direkt selbstverständlich, manche können Probleme haben diese neue Technik anwenden zu können. Hierzu gehört der Umgang mit der Hardware (Mikrofon, Webcam etc.), aber auch mit der Software mit der tagtäglich gearbeitet wird, inklusive der Software für die digitale Kommunikation, wie Outlook für E-Mails oder Zoom/Microsoft Teams für Meetings. Damit der Mitarbeiter, bzw. die Mitarbeiterin im Home-Office damit nicht verzweifelt, sollten Schulungen zuvor angeboten werden, damit dieses Risiko vermieden werden kann (Franken, 2022, S. 62).

Dennoch bleibt das grundsätzliche Risiko für das Unternehmen bestehen, ob die Mitarbeiter und Mitarbeiterinnen mit dieser Technik gut umgehen können und wollen und somit auch die virtuellen Teams funktionieren können. Das Unternehmen braucht auf jeden Fall einige Zeit der Planung, welche durch die Schulungen natürlich auch mit Kosten verbunden sind. Daher sollte vor der Einführung von virtuellen Teams abgewogen werden, ob diese auch gut gelingen können.

Als letztes Risiko soll noch die Prinzipal-Agent-Theorie vorgestellt werden. Bei diesem Modell ist der Prinzipal der Arbeitgeber, bzw. die Arbeitgeberin und der Agent ist der Arbeitnehmer, bzw. die Arbeitnehmerin. Der Agent beschäftigt sich mit seiner Aufgabe tagtäglich und ist somit ein Experte, bzw. eine Expertin in dem Bereich. Je schwieriger die Aufgabe und je höher die Anforderungen dafür sind, desto weniger Menschen wissen, wie lange die Aufgabe tatsächlich benötigen wird. Vor allem der Prinzipal (Vorgesetze/r), welche/r sich um viele andere Aufgaben kümmert und somit nicht im Detail alle Aufgaben des Teams kennt, weiß nicht wie lange eine Aufgabe benötigt, bzw. kann dadurch sogar die Qualität der Arbeit nicht vollständig überprüfen. Der Agent hat hier einen Informationsvorsprung und je nachdem, was die Ziele des Agenten (Arbeitnehmers/Arbeiternehmerin) sind wird diese/r unterschiedlich arbeiten (Bornemann & Eschenbach, 2021, S. 633; Paul, 2015, S. 48).

Ein Arbeitnehmer, bzw. eine Arbeitnehmerin kann also diesen Vorteil nutzen und einfach im schlimmsten Fall weniger produktiv arbeiten, ohne dass der Arbeitgeber/Arbeitgeberin davon mitbekommen könnte. Dies verschärft sich im virtuellen Bereich, da hier die Mitarbeiter und Mitarbeiterinnen nicht ständig unter

Kontrolle der Vorgesetzen sind und sie dadurch die Situation ausnutzen könnten. Für das Unternehmen ist es damit ein Risiko, dass die Mitarbeiter und Mitarbeiterinnen weniger arbeiten.

Etablierung von virtuellen Teams

In diesem letzten Kapitel zum Thema virtuelle Teams, soll ein Konzept durchgegangen werden zur Etablierung von virtuellen Teams in einem multinationalen Unternehmen. Als erstes sollte sich das Unternehmen Gedanken machen, welche Mitarbeiter und Mitarbeiterinnen überhaupt in Betracht gezogen werden können zur Bildung von virtuellen Teams. Bei einem IT-Unternehmen können zum Beispiel mehr Menschen in virtuellen Teams arbeiten, da mehr mit dem Computer gearbeitet wird.

Wurden die passenden Mitarbeiter und Mitarbeiterinnen identifiziert sollte die Führungskraft diese an die neue Situation vorbereiten. Vor allem soll es in diesem Schritt dahingehen, dass neue Software erlernt wird, bevor es überhaupt losgehen kann. Hier ist es auch möglich, dass die Mitarbeiter und Mitarbeiterinnen erstmal mit Ablehnung und Skepsis reagieren, daher sollte die Führungskraft hier die Mitarbeiter und Mitarbeiterinnen davon überzeugen, dass es notwendig und gut ist sich zu verändern. Wenn die Mitarbeiter und Mitarbeiterinnen die Veränderung akzeptiert haben und auch die nötige Software erlernt haben, dann kann überprüft werden, ob diese im Alltag auch tatsächlich nun verwendet wird oder ob es Rückfälle zu alten Verhaltensweisen gibt (Lindner, 2020, S. 57 – 58).

Wurde die Software nun in den Alltag übernommen, kann es losgehen mit dem Übergang in die virtuelle Arbeit. Hierbei ist es auch möglich es in Etappenschritten zu machen, also, nicht an allen Tagen im Home-Office zu arbeiten. Wichtig ist auf jeden Fall auch die Kommunikation zwischen Vorgesetzten und Arbeitnehmern, daher sollte vorab eine Vereinbarung geschlossen werden, bezüglich z. B. Arbeitszeiten oder auch den eigentlichen Aufgaben. Wenn alles passt und die Transformation in virtuelle Teams gelungen ist, kann auch neues Personal weltweit eingestellt werden (unter Beachtung der Risiken zu Sprachbarrieren). Wichtig ist es, dass nach der Etablierung von virtuellen Teams weiterhin regelmäßige Gespräche zwischen den Vorgesetzten und den Arbeitnehmern herrscht, damit diese wissen was sie zu tun haben und auch motiviert werden können.

Aufgabe A2 – Veränderung der Arbeitswelt

Arbeit ist ein zentraler Bestandteil des Lebens der Menschen, dies zeigten bereits die Jäger und Sammler vor ca. 300000 Jahren, indem alle gearbeitet haben, um ihren Beitrag zur Gesellschaft zu leisten. Manche haben gejagt, andere haben sich um die Lagerung der Ressourcen gekümmert und wieder andere haben die Versorgung für die Gruppenmitglieder geplant. Jeder hat seinen Part beigetragen, um zu überleben, sowohl was die Nahrung angeht als auch den Schutz vor Feinden (Berger, 2018, S. 4). Im frühen Rom und im frühen Griechenland haben die Bauern die Gesellschaft aufrechterhalten, sie haben sich nämlich um die Landwirtschaft gekümmert und somit um die Nahrung. Trotzdem gehörten sie zu der ärmeren Bevölkerung, da die Sklavenarbeit für die mittlere Schicht, also die Handwerker zustand und diese sich mit ihnen bereichern konnten (Breger & Tracht, 2017, S. 11; Caspari, 2019, S. 8). Im Mittelalter kann zwischen drei Arten von Arbeitern gesprochen werden, einmal welche in der Agrarwirtschaft gearbeitet haben und sich somit um die Nahrung gekümmert haben, die Handwerker, welche vor allem auch Waffen für Soldaten angefertigt haben, sowie die Kaufleute, denn Handel wurde in dieser Phase ebenfalls wichtiger. Die Aristokratie, also die Adligen, sowie der Klerus mussten allerdings nicht arbeiten (Breger & Tracht, 2017, S. 11).

Die Adligen und der Klerus haben zumindest nicht in der Art gearbeitet wie das einfache Volk, sie haben aber trotzdem das Land verwaltet und somit auch etwas für das Land getan. Ebenfalls waren Soldaten in dieser Zeit wichtig, da damals mehr Kriege vorhanden waren als heutzutage.

Im späten 18. Jahrhundert bis Mitte des 19. Jahrhunderts folgte die Frühindustrialisierung, also die Zeit wo immer mehr Menschen in Fabriken gearbeitet haben und wo die Produktion mechanistischer und motorischer wurde, also mit Maschinen gearbeitet wurde (Fischer, 1963, S. 416). Ziel der Industrialisierung war es immer mehr und schneller zu produzieren und hat dazu geführt, dass Städte immer größer wurden.

Nachdem kleinen Exkurs zur Geschichte der Arbeit soll es im nachfolgenden Kapitel über moderne Veränderungen der Arbeitswelt gehen und hierbei im konkreten um die Globalisierung, der Digitalisierung, sowie dem demographischen Wandel.

Globalisierung

Die Globalisierung ist ein Phänomen, welches ab den 80er Jahren vermehrt auftritt und beschreibt den Zustand das Wirtschaft, Politik und Kultur weltweiter gestaltet werden. Für Unternehmen bedeutet es, dass sie dadurch ihre Produkte und Dienstleistungen weltweit exportieren können, Auslandsinvestitionen tätigen können und dass sich Unternehmen weltweit zusammenschließen können, um so noch erfolgreicher zu sein (Müller, 2002, S. 7 – 8).

Durch die Globalisierung entsteht also ein globaler Markt. Ohne Globalisierung gäbe es kaum Produkte von ausländischen Firmen, was in manchen Situationen fatal wäre und somit erstmal eine eigene Alternative erstellt werden müsste.

Als Beispiel soll hier das Smartphone gelten. In einer Umfrage im Jahr 2022 für Deutschland wurden 4857 Menschen nach der beliebtesten Smartphone Marke befragt. Unter den Top-5 sind Samsung (Südkorea), Apple (USA), Huawei (China), Xiaomi/Mi (China) und Google (USA) (Statista Consumer Insights, 2022). Ohne die Globalisierung gäbe es keines dieser Smartphones in Deutschland und es müsste erst eine deutsche Firma ein Smartphone (inklusive Produktion aus Deutschland) herstellen.

Globalisierung bietet daher eine sehr große Chance, Konsumenten und Konsumentinnen haben eine größere Produktauswahl und durch mehr Konkurrenz können sie von besseren Preisen und stetiger Innovation profitieren. Unternehmen profitieren wiederum, dass sie Produkte an mehr Menschen verkaufen können und somit ihren Umsatz steigern können (Koch, 2017, S. 129).

Dadurch das Unternehmen international agieren, können sie auch Mitarbeiter und Mitarbeiterinnen weltweit beschäftigen je nachdem, was das Unternehmen herstellt. IT-Software kann an einem Computer entwickelt werden, weshalb ein Unternehmen sich auch weltweit nach Arbeitskräften umschauen kann und somit nicht limitiert sind auf die inländischen Arbeitskräfte.

Problematisch für die Menschen wird es nur dann, wenn Unternehmen absichtlich nach billigen Arbeitskräften in dritte Welt Ländern suchen (z. B. Herstellung von Textilien), um günstiger zu produzieren mit dem Ziel damit mehr Gewinn zu erwirtschaften (Frey, Westkämper & Beste, 2020, S. 4).

Digitalisierung

Die Digitalisierung beschreibt den Prozess analoge Prozesse in digitale Prozesse umzuwandeln und mit digitalen, wie computergestützten Medien zu arbeiten. Beispielsweise kann hier die Kalkulation dienen, es muss nicht mehr alles auf ein Blatt Papier geschrieben und dann im Kopf ausgerechnet werden, sondern es kann Excel benutzt werden, welches es viel schneller und automatischer ausrechnet. Aber auch Maschinen können generell den Menschen bei der Arbeit helfen oder sogar effizienter sein als sie. Durch die Digitalisierung sind auch neue Geschäftsmodelle entstanden, welche hauptsächlich im Internet zu finden sind. Hier kann Google als Suchmaschine genannt werden oder Uber als eine Alternative für Taxis (Wolf & Strohschen, 2018, S. 58 – 59).

Heutzutage sind Computer gar nicht mehr wegzudenken, praktisch jedes Unternehmen muss mit digitalen Medien, wie Computer oder Smartphones arbeiten um vor allem die Kommunikation mit Kunden/Kundinnen und Lieferanten aufrechtzuerhalten. Zwar braucht nicht jeder Arbeitsplatz automatisch digitale Medien, aber die meisten werden irgendein Medium benötigen (selbst, wenn nur für E-Mail Kontakt). Daher brauchen die Mitarbeiter und Mitarbeiterinnen auch IT-Kenntnisse.

Als Beispiel soll hier das Berufsbild des Controllers genommen werden. Ein Beruf, welcher im Büro ausgeübt wird und somit mit einem Computer, daher braucht es hier IT-Kenntnisse. Anhand einer Analyse von Schweizer-Stellenausschreibungen haben ca. 56% Excel-Kenntnisse verlangt, ca. 46% ERP-Kenntnisse (wie SAP), ca. 39% allgemeine MS-Office-Kenntnisse (also wie Word oder PowerPoint) und ca. 18% allgemeine IT-Kenntnisse (Trachsel & Bitterli, 2020, S. 206).

Anhand dieses Beispiels kann erkannt werden, dass Unternehmen bereits gewisse IT-Kenntnisse von den Bewerbern und Bewerberinnen erwarten, was verständlich ist, wenn sie mit diesen tagtäglich arbeiten sollen.

Ein weiterer zentralen Punkt der Digitalisierung ist die Automatisierung, in Form von Robotern. Roboter können Arbeitsplätze von Menschen ersetzen und dies wird auch teilweise von den Menschen akzeptiert, vor allem wenn es nachvollziehbar ist, zum Beispiel bei Arbeit mit Belastungen (schweres Heben) oder vor monotoner Arbeit. Daher ist es korrekt, dass Roboter den Menschen Arbeit wegnehmen, aber dies kann nicht komplett passieren (Engel, Erfurth, Drössler & Lemanski, 2021, S. 5 – 8).

Auf der anderen Seite kommen nämlich neue Arbeitsplätze hinzu, welche vor allem mit der IT zu tun haben, wie zum Beispiel Programmierer und Programmiererinnen.

Durch die Digitalisierung können Unternehmen ihre Kunden und Kundinnen auch mehr und besser über ihre Produkte informieren. Dazu können sie ihre eigene Homepage erstellen mit allen relevanten Informationen oder sich auf Social-Media aktiv präsentieren. Dadurch können neue Kunden und Kundinnen akquiriert werden (Binckebanck & Elste, 2016, S. 15 – 16).

Zum Schluss kann noch ein Zusammenhang mit der Globalisierung gemacht werden, denn durch Unternehmenswebseiten oder auch Online-Händlern wie Amazon, können Produkte weltweit online angeboten werden und müssen dann nur noch versendet werden.

Demographischer Wandel

Eine weitere große Veränderung in der modernen Arbeitswelt in Deutschland ist der demographische Wandel. Laut dem Statistischen Bundesamt (2021) war die Einwohnerzahl Deutschlands im Jahr 2021 bei ca. 83,24 Millionen Menschen, davon sind 24,43 Millionen Menschen über 60 Jahre alt, 23,07 Millionen Menschen zwischen 40 und 59 Jahre alt, 21,88 Millionen Menschen zwischen 18 und 39 Jahre alt und nur 13,86 Millionen Menschen unter 18 Jahre alt.

Allein diese Statistik zeigt, dass die größte Gruppe von Menschen über 60 Jahre alt ist und somit entweder bereits in der Rente ist oder noch in diesem Jahrzehnt in die Rente gehen wird. Ebenfalls kann erkannt werden, dass die jüngere Gruppe von möglichen Erwerbstätigen um ca. 1,19 Millionen weniger ist. Noch schlimmer sieht die Zahl der unter 18-Jährigen aus, die letztendlich die Zukunft Deutschlands sind. Es kann also daraus erkannt werden, dass es immer weniger Menschen im erwerbstätigen Alter geben wird.

Eine weitere interessante Statistik ist die Anzahl der Menschen in Berufsausbildungen und Studiengängen (in Deutschland). Die Anzahl der Berufsausbildungen geht nämlich seit Jahren zurück und lag im Jahr 2021 bei ca. 1,25 Millionen Menschen (Statistisches Bundesamt, 2022a). Die Anzahl der Studenten und Studentinnen steigt währenddessen von Jahr zu Jahr und erreichte im Jahr 2021/22 ca. 2,95 Millionen Menschen (Statistisches Bundesamt, 2022b). Immer mehr junge Menschen bevorzugen das Studium, da es als höherwertiger angesehen wird, dies führt allerdings zum Problem, dass dadurch Berufsausbildungen vernachlässigt werden und es zu einem Fachkräftemangel in einigen Bereichen kommt, wie z. B. der Pflege oder dem Handwerk (Forner, 2022, S. 93 – 94).

Da es also vermehrt zu einem Fachkräftemangel kommt, ist es für Unternehmen noch wichtiger ihre Mitarbeiter und Mitarbeiterinnen zu binden, dies sollte geschehen indem auf die Gesundheit der Mitarbeiter und Mitarbeiterinnen geachtet wird, in die Weiterbildung investiert wird und flexiblere Arbeitszeitmodelle zur Verfügung gestellt werden. Ebenfalls arbeiten Frauen immer mehr, weshalb Unternehmen auch hier dessen Potenzial erkennen und ausbauen sollten (Ristau-Winkler, 2015, S. 21). Ebenfalls eine größere Rolle sollten ausländische Fachkräfte spielen, denn diese können ebenfalls den Fachkräftemangel schließen. Ausländische Fachkräfte waren in der Vergangenheit bereits ein wichtiger Bestandteil der deutschen Wirtschaft und werden in der Zukunft wieder gebraucht, um den Fachkräftemangel auszugleichen (Forner, 2022, S. 16; Ristau-Winkler, S. 21).

Chancen und Risiken für Unternehmen

Innerhalb dieses Kapitels wurden bereits einige Chancen, Risiken und Herausforderungen für Unternehmen angesprochen, und sollen an dieser Stelle nochmal kurz zusammengefasst werden.

Durch die Globalisierung können Unternehmen ihre Produkte und Dienstleistungen weltweit anbieten und somit einen größeren Kundenstamm haben, außerdem besteht die Möglichkeit weltweit Menschen einzustellen, was aufgrund des Fachkräftemangels auch sehr hilfreich sein kann. Durch größere logistische Hürden oder auch mehr Konkurrenz von weltweit tätigenden Großkonzernen besteht aber auch das Risiko, dass das Unternehmen fehlschlägt. Durch die Digitalisierung können einige Arbeitsschritte erleichtert werden, sodass die Mitarbeiter und Mitarbeiterinnen noch effizienter arbeiten können. Außerdem können dadurch Teams weltweit zusammenarbeiten. Das größte Risiko in der modernen Arbeitswelt ist wohl der demographische Wandel und somit der Fachkräftemangel. Unternehmen könnten Probleme bekommen alle Stellen in Zukunft zu besetzen, weshalb eine gute Mitarbeiterbindung essenziell sein wird.

Aufgabe A3 – Arbeitskraftunternehmer

Der/Die Arbeitskraftunternehmer/in ist der Mitarbeiter oder die Mitarbeiterin, welche sich selbst aus der unternehmerischen Sicht betrachtet und ihre Arbeitskraft als Ware ansieht. Sie sind aus ihrer Sicht eine Ich-AG und vermarkten ihre Arbeitskraft innerhalb des Unternehmens, sowie auch außerhalb des Unternehmens. Dadurch, dass der/die Arbeitskraftunternehmer/in sich als Unternehmer/in sieht, können sie auch entscheiden, wie sie ihre Leistungen erbringen, sie haben also die Selbstkontrolle über die zu erbringende Leistung, dazu gehört die Selbstorganisation sowie Planung der Aufgaben. Das Leben des Arbeitskraftunternehmers, bzw. der Arbeitskraftunternehmerin wird in allen Lebensbereichen rational gestaltet und durchorganisiert, was dazu führt, dass die Arbeit eine größere Rolle einnimmt, da die Lebensbereiche sich eher vermischen. Die Selbst-Ökonomisierung, sagt aus, dass die Leistungen und Fähigkeiten, welche die Arbeitskraftunternehmer, bzw. die Arbeitskraftunternehmerinnen haben auch selbst vermarkten müssen, sowohl innerhalb des Betriebs als auch außerhalb, sowie die effiziente Arbeitsweise, damit der Auftraggeber, bzw. die Auftraggeberin (das Unternehmen) Profit machen kann und somit einen nutzen vom Arbeitskraftunternehmer/Arbeitskraftunternehmerin hat. Der Schwerpunkt liegt nicht mehr bei, was die Personen für einen Beruf erlernt haben, sondern, was für Ergebnisse diese erzielen (Breger & Tracht, 2017, S. 93; Pongratz, 2000).

Chancen für Arbeitskraftunternehmer

Eines der Chancen für Arbeitskraftunternehmer, bzw. Arbeitskraftunternehmerinnen ist es, dass sie durch ihre Eigenständigkeit flexibler arbeiten können, was die Arbeitszeiten angeht oder wie die Aufgaben erledigt werden, denn letztendlich zählt hier das richtige Ergebnis, welches fristgerecht eingereicht werden muss (Pongratz, 2000).

Ein weiterer Vorteil des Arbeitskraftunternehmers ist es, dass ein Betriebswechsel ganz normal ist und das selbst in einem höheren Alter. Sie können also den Arbeitsmarkt besser beobachten und falls sich Alternativen anbieten, dementsprechend handeln. Dies führt dazu, dass die Arbeitskraftunternehmer und Arbeitskraftunternehmerinnen durch einen Wechsel an bessere Arbeitsbedingungen kommen können, wie mehr Vergütung. Für den Arbeitskraftunternehmer, bzw. der Arbeitskraftunternehmerin bietet sich eine weitere Chance an, nämlich die ständige

Weiterbildung. Dadurch, dass sie sich selbst vermarkten und im ständigen Wechsel von Unternehmen sind, sollten sie neben ihren guten Arbeitsergebnissen auch sich ständig weiterbilden, um über aktuelle Fähigkeiten und Kenntnisse zu verfügen. Dadurch können sie sich von der Konkurrenz abheben und herausforderndere Aufgaben annehmen (Köhler, Barteczko, Schröder & Bohler, 2014, S. 112).

Für Unternehmen ist diese neue Arbeitsform auch von Vorteil. Dadurch, dass die Arbeitskraftunternehmer und Arbeitskraftunternehmerinnen in einem ständigen Wechsel sind müssen die Unternehmen sich nicht langfristig an solche Mitarbeiter und Mitarbeiterinnen binden und können hier flexibel agieren. Somit ist hier das Risiko für die Unternehmen geringer. Außerdem können die Kosten auch eingespart werden, denn die Arbeitskraftunternehmer und Arbeitskraftunternehmerinnen werden so lange gehalten wie diese benötigt werden (für ein Projekt) und danach hat das Unternehmen keine Kosten mehr für sie, dies ist bei unbefristet beschäftigten Arbeitnehmern und Arbeitnehmerinnen anders, denn diese müssen trotzdem weiterbeschäftigt werden, auch wenn ein Projekt abgeschlossen ist und das Unternehmen diese ggf. gar nicht mehr benötigt (Lorenzen, 2013).

Risiken für Arbeitskraftunternehmer

Es gibt mehrere Risiken, welche mit dieser Art von Arbeit verbunden sind. Hierzu soll das Buch „Der abstrakte Mensch" von Hans Gerd Prodoehl (2017) betrachtet werden. In seinem Buch beschreibt er zwei fiktive Fälle von Arbeitsmenschen, ein Typ, welcher in einem Unternehmen auf Dauer sein möchte, sich damit identifizieren und Teil eines Unternehmens sein möchte und ein zweiter Typ, welcher im ständigen Wechsel ist, und die besten Voraussetzungen finden möchte, also wie beim Arbeitskraftunternehmer/in (Prodoehl, 2017, S.17 – 25).

Hier schreibt Prodoehl (2017, S. 23), dass der „freie Agent" nach keiner Sicherheit und Kontinuität sucht und dass Unsicherheit für diesen Typ von Menschen gut sei. Der Arbeitskraftunternehmer, bzw. die Arbeitskraftunternehmerin hat also eine höhere Instabilität (Lippmann, 2019, S. 99).

Unsicherheit kann allerdings problematisch sein. Der/Die Arbeitskraftunternehmer/in ist in der Unsicherheit, dass durch den ständigen Wechsel von Unternehmen/Aufgaben diese/r ggf. für eine gewisse Zeit keinen Auftraggeber/in finden wird und damit finanzielle Einbüßen zu befürchten hat. Dies wird umso problematischer, wenn die Person eine Familie hat und er oder sie die/der Hauptverdiener/in ist.

Ein weiteres Problem dieser Art von Arbeit ist die Vermischung der Arbeit mit anderen Lebensbereichen (Lippmann, 2019, S.98).

Dies ist deshalb ein Problem, da sich das Leben dann eher um die Arbeit dreht, anstatt um die eigene Person, Interessen oder Familie. Je nachdem wie das Leben organisiert ist, kann es also zu einem Problem werden, vor allem wenn dadurch die Familie beeinträchtigt wird.

Auch für ein Unternehmen kann dieses Arbeitsmodell ein Risiko darstellen. Denn der Arbeitskraftunternehmer, bzw. die Arbeitskraftunternehmerin wird meist für eine begrenzte Zeit im Unternehmen arbeiten zum Beispiel für ein Projekt. Selbst, wenn der Arbeitskraftunternehmer, bzw. die Arbeitskraftunternehmerin längerfristig arbeiten soll besteht immer die Gefahr, dass diese/r eher das Unternehmen wechselt, weil sie an sich selbst zuerst denken und lieber unter besseren Arbeitsbedingungen (z. B. bessere Vergütung) arbeiten wollen und somit keine wirkliche Loyalität gegenüber dem Unternehmen haben. Dadurch kann das Unternehmen wichtige Arbeitskräfte verlieren, worauf diese wieder neue finden müssen, was mit zusätzlichen Kosten verbunden ist (Prodoehl, 2017, S. 24). Außerdem ist es auch so, dass aufgrund der geringeren Unternehmensidentität und der niedrigeren Betriebszugehörigkeit kein richtiges Teambuilding möglich ist. Der Arbeitskraftunternehmer, bzw. die Arbeitskraftunternehmerin wird im Team so weit arbeiten, wie es notwendig ist um eine Aufgabe zu erfüllen, darüber hinaus wird allerdings nichts unternommen, weshalb dadurch das Team sich nicht verfestigen kann. Außerdem wird das Team immer wieder erneut sich aufbauen müssen, aufgrund der ständigen Wechsel der Arbeitskräfte (ebd., S. 23).

Zukunft für Arbeitskraftunternehmer

Arbeitskraftunternehmer oder Arbeitskraftunternehmerinnen werden in einigen Branchen zunehmen, unter anderem kann dies in der Medien-, Bildung- oder Beratungsbranche sein, vor allem dort wo mit Computern gearbeitet wird, weshalb Programmierer/Programmierinnen und Texter ebenfalls betroffen sind (Lorenzen, 2013; Pongratz, 2000).

Bei diesen Branchen macht es auch am meisten Sinn. Programmierer und Programmiererinnen können dann für ein Projekt, wie eine neue App oder ein neues

Videospiel aufgenommen werden, da z. B. gewisse Kenntnisse notwendig sind (z. B. Programmierfähigkeit in Multiplayer-Spielen). Nach dem Projekt kann dann entschieden werden, ob diese weiterhin benötigt werden, weil es noch mehr Aufgaben gibt, welche sie übernehmen können oder ob das Unternehmen auf sie verzichten kann.

Anhand der IT-Branche oder auch der Beratungsbranche kann erkannt werden, dass vor allem qualifizierte Personen benötigt werden. Dies ist allerdings durch die hohe Anzahl an Studierenden heutzutage besser abgedeckt als je zuvor.

Das Statistische Bundesamt (2022b) erfasst nämlich jährlich wie viele Studenten und Studentinnen jährlich in Deutschland studieren. Im Jahr 2022 haben fast 3 Millionen Menschen studiert, während es noch vor 20 Jahren knapp unter 2 Millionen waren. Eine weitere Statistik des Statistisches Bundesamtes (2022c) zeigt an wie viele Studenten und Studentinnen das Fach Informatik studieren. Im Jahr 2022 haben 112178 Studenten und Studentinnen das Fach studiert, während es vor 20 Jahren noch knapp unter 70000 waren. Vor allem in den letzten zwölf Jahren entwickelt es sich erneut positiv für das Fach, nachdem die Zahlen in den vorherigen Jahren immer weiter sanken. Auch der Anzahl der weiblichen Studierenden ist gestiegen von knapp unter 11000 vor 20 Jahren auf heutige 26214 Studierende.

Es sieht zumindest mit diesem Beispiel danach aus, als wenn es mehr Fachkräfte in diesem Bereich geben wird und somit auch mehr Menschen, welche als Arbeitskraftunternehmer und Arbeitskraftunternehmerinnen arbeiten können.

Laut der EY Jobstudie (2019) wurden Arbeitnehmer und Arbeitnehmerinnen in Österreich zu mehreren Fragen zum Thema Arbeit befragt. Eine der Fragen war „Suchen Sie aktuell nach einem neuen Arbeitgeber? Schauen Sie sich am Arbeitsmarkt um?", daraufhin haben 45% mit nein geantwortet, 27% mit nein, wären aber bereit, wenn sich etwas Interessantes ergeben könnte und nur 28% haben mit ja aktiv oder gelegentlich geantwortet. Es zeigt sich zumindest, dass die jüngeren Arbeitnehmer und Arbeitnehmerinnen eher bereit sind sich am Arbeitsmarkt umzuschauen, denn die unter 35-Jährigen haben zu 37% mit ja geantwortet (entweder aktiv oder gelegentlich).

Diese Studie soll nur eine allgemeine Tendenz anzeigen, denn welche Art von Mitarbeitern hier befragt worden sind ist nicht bekannt, ggf. haben hier auch Mitarbeiter und Mitarbeiterinnen mit nein geantwortet, weil ihr Beruf sich nicht dazu eignet den Arbeitgeber regelmäßig zu wechseln. Dass Mitarbeiter und Mitarbeiterinnen aber flexibler arbeiten möchten (Arbeitszeit und/oder Arbeitsort) ist vor allem auch durch die Covid-19-Pandemie verstärkt worden. Die Zukunft dieses Arbeitsmodells ist daher ungewiss, da viele Faktoren, sowohl für den Arbeitnehmer/in als auch dem Arbeitgeber/in, hier eine Rolle spielen.

Literaturverzeichnis

Avantgarde Experts. (2022). *Die gesetzliche Homeoffice-Pflicht ist weggefallen: Welche Regelung gilt aktuell in Ihrem Unternehmen?* Zugriff am 15.11.2022. Verfügbar unter https://de.statista.com/statistik/daten/studie/1326759/umfrage/homeoffice-regelungen-in-unternehmen/

Berger, P. (2018). *Praxiswissen Führung.* (1. Aufl.). Berlin, Heidelberg: Springer. https://doi.org/10.1007/978-3-662-50527-4

Biernoth, M. (2016). *Employer- und Behavioral Branding im Gesundheitswesen.* (1. Aufl.). Wiesbaden: Springer. https://doi.org/10.1007/978-3-658-12866-1

Binckebanck, L. & Elste, R. (Hrsg.). (2016). *Digitalisierung im Vertrieb.* (1. Aufl.). Wiesbaden: Springer. https://doi.org/10.1007/978-3-658-05054-2

Bitkom Research. (2022). *Welche Kanäle für die interne und externe Kommunikation nutzt Ihr Unternehmen?* Zugriff am 15.11.2022. Verfügbar unter https://de.statista.com/statistik/daten/studie/1319453/umfrage/umfrage-zu-kommunikations-kanaelen-von-unternehmen/

Bornemann, M. & Eschenbach, S. (2021). Wissens-Controlling: Intellektuelles Kapital entwickeln und einsetzen. In R. Eschenbach, J. Baumüller & H. Siller (Hrsg.), *Funktions-Controlling* (S. 629 – 650). (2. Aufl.). Wiesbaden: Springer. https://doi.org/10.1007/978-3-658-33118-4

Breger, W. & Tracht, C. (2017). *Arbeitswelten und Organisationen im Wandel.* (4. Aufl.). Riedlingen: Studienbrief der SRH-Fernhochschule – The Mobile University.

Caspari, V. (2019). *Ökonomik und Wirtschaft.* (1. Aufl.). Berlin, Heidelberg: Springer. https://doi.org/10.1007/978-3-662-54108-1

Ducki, A. (2019). Gesundheitsgerechte mobile Arbeit. In A. Gerlmaier & E. Latniak (Hrsg.), *Handbuch psycho-soziale Gestaltung digitaler Produktionsarbeit* (S. 387 – 392). (1. Aufl.). Wiesbaden: Springer. https://doi.org/10.1007/978-3-658-26154-2

Engel, T., Erfurth, C., Drössler, S. & Lemanski, S. (2021). *Digitale Transformation, Arbeit und Gesundheit.* (1. Aufl.). Berlin, Heidelberg: Springer. https://doi.org/10.1007/978-3-662-63247-5

EY Jobstudie. (2019). *Karriere und Wechselbereitschaft.* Zugriff am 21.11.2022. Verfügbar unter https://assets.ey.com/content/dam/ey-sites/eycom/de_at/news/2019/06/ey-jobstudie-2019-karriere-und-wechselbereitschaft.pdf

Fischer, W. (1963). Soziale Unterschichten im Zeitalter der Frühindustrialisierung. *International Review of Social History, 8(3)*, S. 415 – 435. https://doi.org/10.1017/S002085900000239X

Forner, A. (2022). *Bildungsmanagement für die Wirtschaft*. (1. Aufl.). Wiesbaden: Springer. https://doi.org/10.1007/978-3-658-37673-4

Franken, S. (2022). *Führen in der Arbeitswelt der Zukunft*. (2. Aufl.). Wiesbaden: Springer. https://doi.org/10.1007/978-3-658-38372-5

Frey, H., Westkämper, E. & Beste, D. (2020). *Globalisierung nach der Corona-Krise*. (1. Aufl.). Wiesbaden: Springer. https://doi.org/10.1007/978-3-658-31183-4

Koch, E. (2017). *Globalisierung: Wirtschaft und Politik*. (2. Aufl.). Wiesbaden: Springer. https://doi.org/10.1007/978-3-658-08707-4

Köhler, C., Barteczko, S., Schröder, S. & Bohler, K. F. (2014). Der Arbeitskraftunternehmer ist tot - es lebe der Arbeitskraftunternehmer! Anmerkungen zur Frage der Selbstvermarktung abhängig Beschäftigter. *AIS-Studien, 7(1)*, S. 109 – 125. https://doi.org/10.21241/ssoar.64804

Lindner, D. (2020). *Virtuelle Teams und Homeoffice*. (1. Aufl.). Wiesbaden: Springer. https://doi.org/10.1007/978-3-658-30893-3

Lindner, D. (2022). *Hybride Arbeitswelt*. (1. Aufl.). Wiesbaden: Springer. https://doi.org/10.1007/978-3-658-37318-4

Lippmann, E. (2019). Identität in der Arbeitswelt 4.0. In C. Negri (Hrsg.), *Führen in der Arbeitswelt 4.0* (S. 95 – 107). (1. Aufl.). Berlin, Heidelberg: Springer. https://doi.org/10.1007/978-3-662-58411-8

Lorenzen, M. (2013). *Wie die Digitalisierung die Arbeitswelt umkrempelt*. Zugriff am 21.11.2022. Verfügbar unter https://www.wiwo.de/technologie/digitale-welt/globalisierung-die-aera-der-arbeitskraftunternehmer/8160402-2.html

May, S. (2015). *Praxishandbuch Chefentlastung*. (2. Aufl.). Wiesbaden: Springer. https://doi.org/10.1007/978-3-8349-4697-3

Müller, K. (2002). *Globalisierung*. (1. Aufl.). Frankfurt, New York: Campus Verlag.

Müller, S. (2018). *Virtuelle Führung*. (1. Aufl.). Wiesbaden: Springer. https://doi.org/10.1007/978-3-658-19913-5

Mütze-Niewöhner, S., Hacker, W., Hardwig, T., Kauffeld, S., Latniak, E., Nicklich, M. & Pietrzyk U. (Hrsg.). (2021). *Projekt- und Teamarbeit in der digitalisierten Arbeitswelt.* (1. Aufl.). Berlin, Heidelberg: Springer. https://doi.org/10.1007/978-3-662-62231-5

Pagel, P. (2013). Fachkräftemangel ... *Wirtschaftsinformatik & Management, 5,* S. 1. https://doi.org/10.1365/s35764-013-0354-8

Paul, J. (2015). *Praxisorientierte Einführung in die Allgemeine Betriebswirtschaftslehre.* (3. Aufl.). Wiesbaden: Springer. https://doi.org/10.1007/978-3-658-07106-6

Picot, A., Reichwald, R., Wigand, R. T., Möslein, K. M., Neuburger, R. & Neyer, A.-K. (2020). *Die grenzenlose Unternehmung.* (6. Aufl.). Wiesbaden: Springer. https://doi.org/10.1007/978-3-658-28565-4

Pongratz, H. J. (2000). *Arbeitskraftunternehmer als neuer Leittypus?* Zugriff am 20.11.2022. Verfügbar unter https://www.die-bonn.de/zeitschrift/12001/positionen3.htm

Prodoehl, H. G. (2017). *Der abstrakte Mensch.* (1. Aufl.). Wiesbaden: Springer. https://doi.org/10.1007/978-3-658-13539-3

Ristau-Winkler, M. (2015). Fachkräfte dringend gesucht – von der Engpassanalyse zur erfolgreichen Sicherung. In W. Widuckel, K. Molina, M. J. Ringlstetter & D. Frey (Hrsg.), *Arbeitskultur 2020* (S. 13 – 26) (1. Aufl.). Wiesbaden: Springer. https://doi.org/10.1007/978-3-658-06092-3

Schawel, C. & Billing, F. (2018). *Top 100 Management Tools.* (6. Aufl.). Wiesbaden: Springer. https://doi.org/10.1007/978-3-658-18917-4

Schneider, P. (2017). Einführung eines HR-Geschäftsmodells bei der R+V Versicherungsgruppe. In B. Rosenberger (Hrsg.), *Modernes Personalmanagement* (S. 121 – 130). (2. Aufl.). Wiesbaden: Springer. https://doi.org/10.1007/978-3-658-10317-0

Schroven, A. (2015). Demographischer Wandel – Herausforderung für die Logistik. In P. H. Voß (Hrsg.), *Logistik – eine Industrie, die (sich) bewegt* (S. 19 – 29). (1. Aufl.). Wiesbaden: Springer. https://doi.org/10.1007/978-3-658-10609-6

Statista Consumer Insights. (2022). *Beliebteste Smartphone-Marken in Deutschland im Jahr 2022.* Zugriff am 24.11.2022. Verfügbar unter https://de.statista.com/statistik/daten/studie/999729/umfrage/deutschland-beliebteste-smartphone-marken/

Statistisches Bundesamt. (2021). *Bevölkerung - Zahl der Einwohner in Deutschland nach relevanten Altersgruppen am 31. Dezember 2021.* Zugriff am 26.11.2022. Verfügbar unter https://de.statista.com/statistik/daten/studie/1365/umfrage/bevoelkerung-deutschlands-nach-altersgruppen/

Statistisches Bundesamt. (2022a). *Anzahl der Auszubildenden in Deutschland von 1950 bis 2021.* Zugriff am 26.11.2022. Verfügbar unter https://de.statista.com/statistik/daten/studie/156916/umfrage/anzahl-der-auszubildenden-in-deutschland-seit-1950/

Statistisches Bundesamt. (2022b). *Anzahl der Studierenden an Hochschulen in Deutschland in den Wintersemestern von 2002/2003 bis 2021/2022.* Zugriff am 21.11.2022. Verfügbar unter https://de.statista.com/statistik/daten/studie/221/umfrage/anzahl-der-studenten-an-deutschen-hochschulen/

Statistisches Bundesamt. (2022c). *Anzahl der Studierenden im Fach Informatik in Deutschland nach Geschlecht in den Wintersemestern von 1998/1999 bis 2021/2022.* Zugriff am 21.11.2022. Verfügbar unter https://de.statista.com/statistik/daten/studie/732331/umfrage/studierende-im-fach-informatik-in-deutschland-nach-geschlecht/

Steiner. (2022). *Wie viel Prozent Ihres aktuellen Arbeitspensums würden Sie gerne im Homeoffice arbeiten?* Zugriff am 15.11.2022. Verfügbar unter https://de.statista.com/statistik/daten/studie/1308907/umfrage/gewuenschter-arbeitsanteil-im-homeoffice-in-der-schweiz/

Stock-Homburg, R. & Groß, M. (2019). *Personalmanagement.* (4. Aufl.). Wiesbaden: Springer. https://doi.org/10.1007/978-3-658-26081-1

Trachsel, V. & Bitterli, C. (2020). Controller-Profile in der Schweiz – Bedeutung der Digitalisierung. In I. Keimer & U. Egle (Hrsg.), *Die Digitalisierung der Controlling-Funktion* (S. 199 – 210) (1. Aufl.). Wiesbaden: Springer. https://doi.org/10.1007/978-3-658-29196-9

Wolf, T. & Strohschen, J.-H. (2018). Digitalisierung: Definition und Reife. *Informatik-Spektrum, 41*, S. 56 – 64. https://doi.org/10.1007/s00287-017-1084-8